AF563009

ÉTABLISSEMENS FRANÇAIS

DES

INDES ORIENTALES.

DISCOURS

PRONONCÉ

PAR LE PROCUREUR GÉNÉRAL

MOIROUD,

A LA SÉANCE D'INSTALLATION DE M. DEMÉLAY,

GOUVERNEUR DES ÉTABLISSEMENS FRANÇAIS DE L'INDE,

Le 12 Avril 1829.

A LA MAGISTRATURE FRANÇAISE

ET

A MES ANCIENS CONFRÈRES DU BARREAU DE PARIS.

Je publie aujourd'hui le discours à la suite duquel j'ai été forcé de me démettre des fonctions de procureur général à Pondichéry. Avant peu, je rendrai compte de l'état de la colonie au jour de ma démission, et j'apprendrai à la mère-patrie comment les germes nombreux d'une prospérité naissante ont été étouffés en quelques mois sous les mains d'une basse et aveugle jalousie.

En quittant le sol de l'Inde, j'annonçai à M. le gouverneur Demélay que j'en appellerais à l'opinion de la France... Quelle juge donc entre lui et moi...

Peut-être devrais-je solliciter l'indulgence pour un discours improvisé sur de simples notes; mais il ne s'agit point ici d'une question de talent oratoire, et les mots passeront à la faveur des choses qu'ils expriment. J'ose espérer que le barreau de Paris, auquel je suis glorieux d'appartenir, approuvera ma conduite dans l'Inde; mes anciens confrères se rappelleront que c'est à Pondichéry, il y a plus d'un an, et quand j'étais revêtu d'une haute magistrature, que je défendais les principes aujourd'hui triomphans, et les magistrats me sauront gré de n'avoir point hésité à rester sans pain, à 6000 lieues de la terre natale, pour ne pas trahir ma conscience et l'honneur.

Puisse la grande révolution qui vient de s'accomplir améliorer le sort de notre population indienne! Puisse-t-elle la délivrer du joug de fer qu'une main généreuse avait brisé, et qu'une main coupable a rendu plus pesant que jamais. C'est le vœu le plus ardent de mon cœur, et je dévoue ma vie à la défense de cette cause sacrée.

MOIROUD.

Paris, le 5 août 1830.

ÉTABLISSEMENS FRANÇAIS DES [I]NDES ORIENTALES.

COUR ROYALE DE [P]ONDICHÉRY.

DISCOURS

PRONONCÉ

PAR LE PROCUREUR GÉNÉRAL

MOIROUD,

A LA SÉANCE D'INSTALLATION DE M. DEMÉLAY,

GOUVERNEUR DES ÉTABLISSEMENS FRANÇAIS DE L'INDE,

Le 12 Avril 1829 (1).

MONSIEUR LE GOUVERNEUR ET MESSIEURS DE LA COUR,

En offrant à notre nouveau chef les hommages de la Colonie et le premier tribut de notre dévouement, j'exerce sans doute l'une des plus douces prérogatives de mon ministère; ce n'est

(1) M. le capitaine de vaisseau Demélay, nommé gouverneur de l'Inde, par ordonnance du 23 mars 1828, débarqua à Pondichéry le 11 avril 1829. Le lendemain, 12 avril, il vint prendre séance à la cour royale, et ce fut en requérant l'enregistrement de sa commission que je prononçai le discours qui suit. Deux heures après l'audience, je me présentai à l'hôtel du gouvernement, à la tête de toute la magistrature

pas sans une vive impression de bonheur et de joie que je viens lui faire entendre les accens de la reconnaissance publique, répondant à ses généreuses promesses, et lui montrer les espérances qui se pressent en foule autour de lui.

Qui mieux que moi, Messieurs, pourrait sentir le prix du mandat qui m'est aujourd'hui confié? Qui mieux que moi pourrait seconder l'élan de l'allégresse générale, et encourager l'espoir dont elle est l'expression? Moi qui, en saluant le représentant de Sa Majesté dans l'Inde, ai reconnu en lui l'homme que j'appelais de mes vœux avant

---

française de l'Inde, pour y saluer le gouverneur. M. le capitaine Demélay reçut les magistrats d'une cour souveraine à peu près comme des matelots qui auraient manqué à l'ordre; son allocution, en style de mer, ne fut, d'un bout à l'autre, qu'une âpre censure de la profession de foi que je venais de faire; je l'écoutai avec le calme que m'imposait la toge dont j'étais revêtu, et je me bornai à lui répondre : « Monsieur le Gouverneur, soyez sûr que votre mercuriale ne sera pas perdue. » Dix minutes après, ma démission était dans ses mains.

Malheureusement, je ressemble à beaucoup de gens qui ont de la présence d'esprit à tête reposée. Je regretterai toute ma vie de n'avoir pas répondu à la harangue brutale de M. Demélay : *Mon capitaine, on s'y conformera!*

J'ai écrit mon discours immédiatement après l'audience, et j'en ai adressé sur-le-champ une copie au gouverneur, et une autre au ministre de la marine. Elles sont toutes deux au ministère depuis six mois.

que le roi nous l'eût donné, et dont un heureux pressentiment m'avait fait devancer l'élection; moi surtout, qui, pour garantie de son noble caractère, puis placer à côté de l'opinion publique des témoignages irrécusables, puisés dans la confiance et les épanchemens d'une amitié qui nous est commune (1).

Mais, messieurs, dans cette circonstance solennelle, mon devoir se réduit-il à de simples félicitations? quand il peut signaler quelques vérités utiles, l'organe du ministére public ira-t-il se perdre en formules adulatrices? Elles flatteraient peu, je crois, l'oreille d'un guerrier, et seraient mal placées dans la bouche d'un magistrat; la dignité de mes fonctions semble m'imposer une autre tâche; je la remplirai sans hésiter, quelles que soient les difficultés qu'elle puisse offrir; et si je m'égare en prenant ma conscience pour guide, je tomberai du moins dans une honorable erreur. Daignez, monsieur le Gouverneur, accueillir mes paroles avec bonté; daignez surtout n'y point voir des conseils qu'il ne m'appartient pas de vous donner, mais seulement les vœux

---

(1) J'avais connu M. Demélay à Paris, chez des personnes que je vénère à tous les titres, et de pareilles relations devaient m'inspirer la confiance dont j'étais plein; il a cruellement démenti le proverbe : *Dis-moi qui tu hantes, je te dirai*, etc.

échappés d'une âme où l'amour du bien public domine tous les autres sentimens.

Vous arrivez au milieu de nous environné de tous les présages d'une heureuse et brillante administration; dégagé de tout antécédent local, libre de ces affections particulières, si funestes dans la personne d'un chef, quand, par malheur, elles reposent sur des gens pour qui l'amitié n'est qu'une spéculation (1); éprouvé par de longs et importans travaux; riche d'une grande expérience des hommes et des choses, vous êtes fait, monsieur, pour les hautes fonctions qui vous attendent, et pour les circonstances dans lesquelles vous en prenez possession.

Ces circonstances sont graves à certains égards, et ne peuvent être dominées que par une main habile, et surtout par une main ferme. Vous succédez, à peu d'intervalle près, à une administrative (2) qui a fait bien ou mal (ce n'est point ici le moment de la juger), mais qui incontestablement a fait beaucoup de choses; comme tout ce qui s'é-

---

(1) Nous en avions fait une funeste épreuve pendant l'*interim* de M. Cordier.

(2) L'administration de M. le vicomte Desbassayns de Richemont. Je lui ai rendu une éclatante justice en arrivant dans l'Inde, et je n'ai pas peu contribué à éclairer l'opinion publique sur les lâches calomnies dont on l'avait accablé.

carte de la route battue, comme tout ce qui vient briser de vieilles habitudes pour entrer dans un ordre nouveau, elle a dû avoir des amis zélés et de violens détracteurs; elle a laissé après elle de profonds souvenirs de haine et d'affection.

Malgré les huit mois qui nous en séparent, vous retrouverez ces souvenirs dans toute leur vivacité, et vous en reconnaîtrez bientôt les conséquences. Sans doute, monsieur le gouverneur, dans votre généreuse sollicitude, vos premiers soins tendront à en affaiblir les résultats; vous nous trouverez prêts à vous seconder de tous nos efforts, nous qui, en rapport continuel avec les élémens les plus opposés, sentons mieux que personne ce que la paix publique pourrait répandre de douceur sur notre vie, et nous épargner de chagrins dans l'exercice de nos fonctions; j'ose vous répondre, au nom de tous mes collègues de l'ordre judiciaire et administratif, que, pour atteindre un but si désirable, les concessions d'amour-propre ne nous coûteront pas; nous n'y mettrons d'autres bornes que celles que vous daignerez poser vous-même, persuadés que nous sommes qu'elles ne dépasseront jamais des limites que l'honneur ne nous permettrait pas de franchir.

Cependant, monsieur le gouverneur, si je vous

disais qu'un rapprochement général peut avoir lieu, et qu'une fusion complète est possible, je mentirais à ma conscience et je trahirais ma conviction la plus intime; il existe, entre trois ou quatre habitans et les principaux fonctionnaires publics, des motifs d'éloignement que rien ne saurait effacer; en tous temps et en tous lieux les honnêtes gens divisés d'opinion peuvent s'entendre et se réunir; on oublie les torts les plus graves, alors qu'ils ne sont pas d'une nature infamante, et l'on se réconcilie avec toutes les erreurs quand elles ont été de bonne foi: mais, avec les éternels ennemis de tout ordre légal, avec les fabricateurs de fausses correspondances, avec ces hommes qui, toujours la rage dans le cœur et le fiel sur les lèvres, sont comme une espèce de calomnie vivante, avec la déloyauté, la bassesse et la trahison... jamais.

Vous saurez bientôt la vérité, monsieur, parce que vous voudrez la savoir, et qu'elle arrivera jusqu'à vous sans avoir à franchir une triple barrière de préventions. Si cette vérité nous accuse, frappez-nous sans ménagement; vous le devez et nous le demandons: nous nous soumettrons sans résistance et sans murmure; nous ne voulons, ni les uns ni les autres, être un obstacle au bien public; et, parmi les sacrifices que vous nous demanderez en son nom, celui de notre état et de notre avenir ne nous fera pas reculer plus que les autres.

Mais si au contraire vous apprenez que, fidèles à notre mandat, nous sommes constamment restés dans la ligne de nos devoirs; si cette assurance vous engage à vous appuyer de nos services; si elle vous détermine à nous conserver dans votre conseil, alors, monsieur le gouverneur, vous daignerez ne plus oublier que nous n'y sommes que par votre volonté, et qu'ainsi nous avons quelque droit à votre confiance et à votre protection. C'est par elles seules que nous pouvons contribuer au bien public dans nos attributions respectives; il n'y a de bien possible que là où le chef est sûr du dévoûment de ses subordonnés, et où les subordonnés sont sûrs de l'appui de leur chef : c'est seulement cette unité de vues, ce concours de volontés, qui peuvent conduire à d'heureux résultats; partout où ils n'existeront point, partout où il y aura la moindre réticence dans les communications, et la plus légère hésitation dans la confiance réciproque des hommes qui doivent marcher ensemble, l'inquiétude et le dégoût amèneront bientôt le relâchement de toutes les parties du service, et la machine administrative se traînera péniblement, au lieu de s'avancer vers son but d'un pas ferme et assuré.

Vous jugerez, monsieur le Gouverneur, vous jugerez entre nous et ceux qui se sont constitués nos adversaires et nos ennemis. Nous n'appellerons pas de votre décision. Si elle nous condamne, nous nous empresserons de déposer en vos mains des fonctions désormais inutiles dans les nôtres; si elle nous absout, nous compterons sur vous pour faire respecter en nos personnes le caractère dont le Roi nous a revêtus, et nous nous associerons avec ardeur aux nobles travaux qui doivent signaler votre administration.

Ces travaux (vous ne tarderez point à vous en convaincre) ne sont ni sans difficultés ni sans amertume; il ne faut pas moins qu'une résolution à toute épreuve, et une entière abnégation de soi-même, pour les poursuivre avec quelque succès : partout des résistances à vaincre; partout des obstacles à surmonter; les projets les plus utiles, les intentions les plus pures et les plus généreuses ne trouveront pas grâce devant le plus mince intérêt particulier qu'ils froisseront sur leur passage; si la misère du peuple attendrit votre âme compatissante, il en est qui vous poursuivront du nom de philantrope, qu'ils ont l'affreux courage de regarder comme une injure; il s'en trouvera qui entreprendront froidement de vous démontrer qu'il faut que le peuple ait faim, parce qu'alors on a meilleur marché de ses sueurs (1)... Si vous ne souffrez pas que la colonie soit exploitée au bénéfice exclusif d'une maison de commerce, vous ne serez bientôt plus qu'un insensé qui veut consommer la ruine du pays; on vous attaquera, on vous insultera de toutes les manières; on ira fouiller dans les détails de votre vie intérieure pour y trouver quelque prétexte d'outrage; on entretiendra des commis dont l'emploi spécial sera d'encombrer les cartons du ministère de dénonciations calomnieuses, ainsi qu'on l'a fait pour un noble vieillard dont on invoque aujourd'hui les cheveux blancs, et qu'alors on traînait dans la boue (2)... comme si l'honneur d'un pair de France pouvait être à la merci de quelques marchands flétris par des banqueroutes!!!

S'il m'était permis de choisir des exemples dans une région moins élevée, je vous dirais, monsieur le Gouverneur, moi aussi, je suis venu d'Europe avec l'ardent désir de me consacrer tout entier à

---

(1) Ce propos a été tenu devant moi en plein conseil de gouvernement. Un sentiment de reconnaissance pour des personnes qui le touchent de près m'empêche d'en nommer l'auteur, mais j'espère qu'il se rendra justice, et s'éloignera d'un pays où sa présence est à la fois un scandale administratif, et une calamité publique.

(2) M. le comte Dupuy.

la patrie que j'adoptais; le ciel m'est témoin que je n'y ai apporté d'autre espoir que celui de la servir utilement, et d'autre ambition que celle d'y laisser une trace honorable; mais, parce que je me suis attaché à la cause d'un homme de bien au jour où le pouvoir venait de lui échapper, j'ai encouru la disgrace de ces gens qui ne savent ni comprendre ni pardonner une démarche loyale et généreuse; parce que j'ai fait exécuter les lois du royaume sur l'état civil, et que j'ai prohibé les inhumations et les mariages clandestins (1), j'ai soulevé contre moi toute la cabale jésuitique; ils ont fait serment, dans leur conciliabule, de ne me laisser ni paix ni relâche: tantôt c'est un de leurs émissaires (2), un misérable que la patrie a

(1) C'est par là que la querelle a commencé. Les jésuites de la mission de Pondichéry s'arrogeaient le droit d'inhumer dans leur couvent, sans déclaration préalable à l'officier de l'état civil. Je les rappelai à l'exécution de l'art. 77 du code civil, et les prévins qu'à la première infraction je requerrais contre eux les peines portées par l'art. 358 du code pénal. Ma lettre, à laquelle on ne peut reprocher autre chose qu'un peu trop de politesse et d'égards pour des gens qui n'en méritent point, excita parmi eux des transports de fureur. Les menaces m'assaillirent de toutes parts; je les méprisai, comme de raison, et me disposai à leur tenir parole.

(2) Cet homme, qui fuyait l'Europe pour avoir eu le malheur de s'y brouiller avec la justice, a trouvé dans M. De-

repoussé de son sein, et qui vient m'accuser d'une soustraction de pièces à propos d'un service que j'ai eu le malheur de lui rendre; une autre fois, ils vont débitant par la ville que j'ai frappé un Indien sur la place publique, moi qui ai juré de poursuivre, sans miséricorde, tous ceux qui frapperaient les Indiens. Il n'est point de contes absurdes qu'ils n'inventent et ne colportent pour compromettre mon caractère; ils espèrent, à force de dégoûts, me réduire à déserter un poste où ma présence gêne leurs projets d'envahissement; ces hommes que nous venons de voir prendre un plaisir atroce à retourner le poignard dans le cœur d'une mère (1), ces hommes là ne peuvent pas sa-

---

mélay un zélé protecteur. Le gouverneur, à son joyeux avènement, s'est empressé de le nommer receveur du domaine; et c'est, sans contredit, dans l'administration de l'Inde, le poste qui exige le plus de capacité et de probité!!!

(1) Peu de jours avant l'arrivée de M. Demélay, mademoiselle de Saint-Paul (fille d'un conseiller à la cour royale), sur le point de contracter mariage avec un jeune homme professant la religion réformée, vint, accompagnée de sa mère, se confesser au R. P. Mottet, supérieur de la mission. Il refusa de l'entendre; et, s'adressant à madame de Saint-Paul: « Votre « fille aînée, lui dit-il, est morte misérablement pour avoir « épousé un protestant; le ciel lui a fait justice. Celle-ci aura « le même sort. » La pauvre mère, accablée d'âge et d'infirmités, perdit connaissance à cette affreuse prédiction; elle

voir qu'il y a dans l'âme d'un magistrat quelque chose de plus puissant et de plus actif que les conseils du dépit et de l'amour-propre; c'est le sentiment de l'honneur et du devoir. Je résisterai à la tempête qu'ils excitent contre moi; je resterai à mon poste tant que la confiance du représentant du roi m'y maintiendra, et que je n'aurai pas perdu tout espoir d'y défendre le peuple contre leur tyrannie et leurs exactions; ils me briseront peut-être, comme ils disent en avoir les moyens, mais, à coup sûr, ils ne me feront pas plier; et puisque, suivant la fameuse expression d'une de leurs notabilités européennes, ils me menacent, chaque jour, de me montrer ce que c'est qu'un prêtre, je me charge, moi, dans l'occasion, de leur apprendre ce que c'est qu'un procureur général.

Pardonnez-moi, monsieur le Gouverneur, au milieu des soins importans qui vous occupent, d'avoir osé vous entretenir un instant de ma position particulière: une âme froissée saisit avidement l'occasion de s'épancher dans une âme gé-

---

s'est réalisée, au surplus; et, soit que les menaces du P. Mottet aient frappé l'imagination de la jeune fille, soit que son heure fut marquée, mademoiselle de Saint-Paul, devenue madame de Courson, est morte quelques mois après; je viens d'en recevoir la triste nouvelle.

néreuse, et de montrer ses blessures à la main protectrice qui vient les cicatriser.

Votre cœur vous a dit déja que, loin de la patrie, la position la plus brillante était mêlée de regrets amers, et que la puissance et les grandeurs n'étouffaient pas le souvenir du sol natal; mais il vous a dit aussi qu'il n'est point de souvenirs que l'espoir de faire du bien ne puisse charmer, et que ce généreux mouvement de l'âme, en rapprochant l'homme de la Divinité, lui ouvre la source des jouissances les plus vraies et des plus douces consolations qu'il puisse éprouver snr la terre.

Qui mieux que vous, monsieur, peut le nourrir et le réaliser, vous dont la volonté puissante exercera désormais une influence si grande sur les destinées du pays, et dont les pouvoirs n'ont point de bornes pour tout ce qui est bon, juste et honorable?

Parmi les grands intérêts qui appelleront votre sollicitude, je ne chercherai à la fixer que sur un seul, parce qu'il me semble dominer tous les autres, et que trop peu de voix jusqu'ici se sont élevées pour sa défense. Vos regards se porteront avec bonté sur cette population indienne, qui n'a été tant calomniée par ses oppresseurs que parce que la calomnie donne un prétexte à l'oppression; ils en ont fait des esclaves, et ils leur reprochent les vices qu'engendre la servitude! ils les ont chargés de chaînes, et ils leur font un crime de porter la marque des fers! Qu'une fois, enfin on essaie de les traiter en hommes, et j'ose affirmer qu'ils deviendront hommes; appelez-les à l'exercice d'une liberté sage et modérée, et vous en ferez infailliblement des citoyens.

Déja votre prédécesseur a brisé la verge de fer qui les écrasait; ces châtimens arbitraires, dont le récit naïf fait frissonner d'horreur, ont disparu pour toujours (1); et quand ce serait là le seul fruit de son administration, il suffirait, selon moi, pour

---

(1) Je le croyais alors, et j'espérais que l'administration bienfaisante et libérale de M. le vicomte Desbassayns porterait ses fruits. M. Demélay m'a cruellement détrompé; lorsque à notre dernière entrevue, les larmes aux yeux, je le suppliais de ne pas se livrer trop vite aux bourreaux de la population indienne, et d'y regarder à deux fois avant d'adopter les mesures rigoureuses qu'on ne manquerait pas de lui proposer après mon départ, il me répondit qu'*il savait à quoi s'en tenir sur tout cela; que les Indiens tenaient beaucoup à leurs usages, et que, puisque l'usage avait été jusqu'à présent de les conduire à coups de bâton, il fallait continuer à les battre.* Si c'est une ironie, elle est sanglante, M. Demélay!! L'usage était aussi, quand je suis arrivé dans l'Inde, que les magistrats vendissent la justice; il n'y a pas bien long-temps que les gouverneurs de l'Inde n'étaient autre chose que des vampires qui s'engraissaient des larmes et du sang de cette malheureuse population; M. Demélay poussera-t-il ses scrupules jusqu'à vouloir aussi rétablir ou maintenir ces usages-là?

attacher à son front le bandeau civique, et pour marquer sa place parmi les bienfaiteurs de l'humanité.

C'est à vous, monsieur, qu'il appartient de consommer cette régénération morale et politique d'un peuple que sa misère et sa douceur rendent si digne d'intérêt et de protection; quel plus noble triomphe, quelle plus belle conquête pourriez-vous ambitionner? Ah! sans doute, ceux qui auront apporté dans l'Inde les bienfaits de la morale et de la civilisation laisseront à la postérité des souvenirs plus glorieux que ceux qui l'ont conquise en la dévastant.

C'est surtout en améliorant le sort de la population agricole que cette grande et sublime tâche peut être accomplie; le cultivateur indien est dans une misère profonde, et la misère traîne toujours à sa suite la démoralisation et l'avilissement.

Il y a peu de jours encore, en parcourant notre établissement de Karikal, j'ai vu le malheureux agriculteur, courbé sous un effroyable impôt de 43 pour 100, souffrir les tourmens de la faim sur le sol même que ses travaux ont couvert d'abondantes moissons [1]; tant que ce système d'impôt,

---

(1) Je parle ici sans métaphore, et ne dis malheureusement qu'une vérité matérielle; j'en appelle à M. Ducler, adminis-

qui porte le cachet de l'époque à laquelle il fut établi, ne sera pas rappelé à des bases plus équitables, il n'y a rien de bon à espérer. Une meilleure répartition des charges publiques pourrait opérer un grand bien sans diminuer les revenus du roi; mais, quand ils devraient en souffrir, quelle importance ont-ils pour le roi, ces revenus, et que fait à sa force et à sa puissance le produit de quelques arpens de terre sur la côte de Coromandel? Nous ne sommes plus au temps où toute la science des gouvernemens consistait à arracher le plus d'argent possible aux gouvernés; les idées généreuses qui ont triomphé en Europe doivent tourner au profit des peuples qui sont ses tributaires, et nous avons droit au moins à quelque reflet de cette vive lumière qui a éclairé la mère-patrie.

Que ses rayons bienfaisans fassent germer l'aisance et le bonheur dans les établissemens français de l'Inde; que le cultivateur, soumis à une juste contribution, trouve des moyens d'existence dans les fruits de son travail; que la dégradation du peuple disparaisse avec la misère qui l'avait pro-

---

trateur à Karikal, dont le zèle et le dévouement s'emploient sans relâche à adoucir la misère de ses administrés, mais qui ne peut lutter avec avantage contre le funeste système que je signale.

duite; et que l'Indien vive en paix sous la protection d'une loi sage et libérale; c'est seulement ainsi que les possessions du roi, dans l'Inde, peuvent prendre une haute importance aux yeux du monde civilisé; c'est alors qu'elles seront pour lui la source d'une véritable et solide gloire, et qu'elles deviendront un fleuron vraiment digne de sa belle couronne.

Flétrirai-je, encore une fois, cet argument sans cesse reproduit par les vues étroites de la fiscalité, et qui tend à présenter les Indiens comme moins malheureux sous la domination française que sous celle des princes musulmans, et même sous celle des Anglais nos voisins? Nous est-il donc défendu de faire mieux ou moins mal que les Anglais? et quand nous pouvons leur donner un noble exemple, que tôt ou tard ils seraient forcés de suivre, nous condamnerons-nous à marcher servilement sur leurs traces?

Qu'importe que notre joug soit moins pesant que le leur, ou celui des anciens princes musulmans? ce n'est point une somme déterminée de bonheur que nous devons aux Indiens placés sous notre domination; notre devoir, comme gouvernement, est d'employer à leur bien-être tout le pouvoir remis en nos mains; nos obligations, sous ce rapport, ne s'arrêtent que là où s'arrêtent nos facultés, et nous répondrons devant Dieu et devant les hommes de tout le bien que nous aurons pu leur faire, et que nous ne leur aurons pas fait.

En élevant ici, pour eux, une voix indépendante, je couvre, autant qu'il est en moi, ma part de la responsabilité qui pèse sur tous les membres de l'administration de l'Inde; si j'encourais quelque blâme pour une initiative dont on peut me contester le droit, ses conséquences ne sauraient m'effrayer, et quelles qu'elles puissent être, je ne regretterai jamais d'avoir obéi au cri de ma conscience et d'avoir suivi l'entraînement de mon cœur.

O mes amis de France! mes confrères du barreau de Paris! vous dont j'ai partagé les premiers travaux, et que, depuis, la tribune nationale a réclamé comme ses plus nobles organes... s'il est vrai que je vous ai quittés pour toujours; si je dois mourir loin de vous, qu'au moins nos ames restent confondues dans un même dévouement à la patrie, et aux institutions dont elle attend sa gloire et sa prospérité; jusque sur ces rives lointaines, le retentissement de vos voix généreuses est venu faire battre mon cœur, et y ranimer le feu sacré que l'amertume dont on m'abreuve allait y éteindre; mes amis, si le ciel m'accorde de vous revoir un jour, je pourrai recevoir vos embrassemens, car je serai resté digne de vous...(1). Quand vos courageux accens assurent le triomphe de nos libertés et l'affranchissement de la Grèce, les miens y répondront en disant à la population qui m'entoure : « Indiens des établissemens fran« çais, vous êtes les sujets du roi de France, mais « vous n'êtes les esclaves de personne; obéissez à « la loi, car désormais ce n'est plus qu'à elle que « vous devrez obéir. Si jamais des préjugés bar« bares, si d'odieux usages tentaient de s'appesan« tir sur vous, venez vous jeter dans les bras de « la magistrature que le roi vous a donnée; vous « la trouverez toujours prête à combattre pour les « droits éternels de la justice et de l'humanité. »(2)

---

(1) Mauguin, Odillon Barrot, Mérilhou, Barthe; je vous ai revus, et votre accueil, votre honorable approbation m'ont consolé de l'outrage d'un proconsul qui a cru devoir m'insulter en présence de la magistrature dont j'étais le chef, parce que j'avais osé lui dire que ses administrés n'étaient pas des esclaves.

(2) Si je vivais des siècles, l'impression du moment où j'ai prononcé ces paroles ne s'effacerait point en moi. L'élite de la population malabare m'entendait; c'était la première fois qu'un accent de protection retentissait sous ce ciel d'esclavage. Je voyais des larmes dans les yeux de ces hommes qu'on veut traiter en brutes, et qui pourtant comprenaient si bien que j'étais leur ami et leur protecteur. Pauvres Indiens! Vous que j'ai aimés de toute l'effusion d'une ame

Pardonnez, monsieur le gouverneur, à l'émotion qui m'entraîne; puissent les sentimens qu'elle a laissé échapper mériter votre estime et votre approbation; puissent-ils donner quelque prix au dévouement que je vous offre au nom de tous mes collègues : un pareil suffrage comblerait nos vœux les plus ardens et nos plus chères espérances; c'est de lui seul, désormais, que nous attendons des consolations pour le passé et du courage pour l'avenir.

---

ardente, vous qui m'avez donné de si touchans témoignages de reconnaissance, je ne vous abandonnerai pas; et si ma voix ne parvient pas à vous arracher à l'oppression, elle sera assez forte, au moins, pour signaler et flétrir vos oppresseurs.

FIN.

PARIS. — IMPRIMERIE ET FONDERIE DE RIGNOUX,
RUE DES FRANCS-BOURGEOIS-ST.-MICHEL, N° 8.

www.ingramcontent.com/pod-product-compliance
Lightning Source LLC
LaVergne TN
LVHW010250230826
846091LV00007B/2886

* 9 7 8 2 0 1 3 4 2 9 4 7 4 *